Francesco Donadio

Spirito religioso e fedeltà alla terra

Francesco Donadio

Spirito religioso e fedeltà alla terra

Sull'Enciclica «Laudato sì mi Signore»

Edizioni Sant'Antonio

Cover image: www.ingimage.com

Publisher:
Edizioni Accademiche Italiane
is a trademark of
International Book Market Service Ltd., member of OmniScriptum Publishing Group
17 Meldrum Street, Beau Bassin 71504, Mauritius

Printed at: see last page
ISBN: 978-613-8-39308-5

«Dov’è chi trasformò tempo e ricchezza/
in povertà facendosi così forte/
da togliersi le vesti al mercato/
per recarsi nudo innanzi a quelle del suo vescovo?7 […]
Veniva dalla luce alla più profonda luce/
e serenità era la sua cella» (Rilke, Libro d’ore).

Indice

Introduzione

Questo settembre 2019 si è caratterizzato per un grandioso risveglio collettivo *eco friendly*, scaturito da una serie di percorsi e iniziative convergenti a livello planetario, tra le quali, quanto meno per la forza simbolica esercitata sulle nuove generazioni, rappresentate in buona parte da ragazzi, ci si può richiamare al discorso tenuto all'ONU dalla sedicenne Greta Thunberg. È riesplosa la coscienza della cosiddetta questione ambientale e climatica, spesso sovrapposte tra loro, senza neppure ricercarne i *distinguo* che sofisticate competenze scientifico/professionali e astuzie politicistiche hanno tentato di apportarvi. Dopo tutto non è a questa «meglio gioventù» che è da chiedere la soluzione di un tale gigantesco problema, essendo chiaro che la loro protesta è il sismografo di una condizione di disagio e di una paura del futuro, condivisa peraltro dalla gran maggioranza degli scienziati e dalle più alte autorità morali del mondo, e insieme il megafono della rivendicazione di una svolta in cui è facile a tutti riconoscersi, quella di un *Friday for future*.

Si tratta di questioni quasi connaturali alla sensibilità di chi si trova nella fase ascensionale della vita e si vede minacciato nel suo futuro, ma si tratta pur sempre di questioni vitali per la nostra stessa sopravvivenza comune, essendo chiaro che la salvaguardia della natura è la salvaguardia di noi stessi, esseri radicati in essa fin nei loro prolungamenti arborei e fisico-chimici, ai quali è necessario fare riferimento per comprendere *appieno* la definizione che si è data di ciascuno di noi come «essere-nel-mondo».

In nessun commento giornalistico ho trovato che questa attenzione alla quintessenza della nostra condizione primordiale suoni come una sorta di richiamo all'antico insegnamento dei Presocratici per i quali fuoco, acqua, aria e terra, erano le cose più ancestrali nelle quali ritrovare la «consistenza» del mondo e di noi stessi, l'altra faccia di una verità obliata/superata dalla leggenda di un successivo socratismo, ma di questo non ci è dato qui fare approfondimento, perché implicherebbe un cammino a ritroso nel tempo della nostra cultura occidentale che ci porterebbe lontano dal nostro tema specifico. Ci si può, invece, riferire a un'icona di questa cultura molto più vicina a noi, a quell'insorgenza «faustiana» del nostro rapporto «predatorio» con la natura, in cui in buona parte si è soliti riconoscere la nascita del moderno sviluppo industriale, con le sue ardite conquiste e le lacerazioni lasciate dalle sue spregiudicate manipolazioni sulla natura.

Mi interessa qui sottolineare piuttosto un altro aspetto positivo di questa collettiva coscienza giovanile alle prese con l'insorgenza del problema ambientale, quello della ripresa di una coscienza politica che sembrava in buona parte spenta, di certo delusa e stanca, ma ora, risvegliata dal nuovo vento d'entusiasmo per una causa verde tanto nobile. Ne è risultata, probabilmente come effetto non previsto, la rinascita di un interesse per la stessa politica, intesa come partecipazione alla difesa di interessi comuni, alla costruzione di quanto c'è da fare ed è possibile fare, all'individuazione di percorsi utili per l'ambiente, per il riciclo e la sostenibilità, alla individuazione/scelta di obiettivi non solo generali, ma ben precisi e indifferibili, alla diffusione di una cultura solidale, al di là di ogni steccato identitario e di ogni operazione di corto respiro. Qui vale quanto Federico Fellini diceva dell'uomo in generale: il vero realista è il visionario ovvero il futuro è di coloro che, come ripete papa Francesco ai giovani, non si lasciano rubare la speranza. Questo è il senso di una utopia concreta che sappia guardare in faccia il proprio tempo e amarlo, per quanto «amaro», orientandolo a una messa-in-forma dei suoi aspetti magmatici e contraddittori, opachi e spuri, isolati e muti, riportandolo al campo di una soggettività attiva e plurale, sintesi di memoria e progetto, d'immanenza e trascendenza, perché anche le cose elementari partecipano di quelle dell'anima e ne sono i messaggeri, come ben sa riconoscerlo una coscienza religiosamente orientata.

Ecco una nuova sfida, che si può aggiungere a quelle appena descritte sopra, una sfida che nasce precisamente dall'interno di un contesto religioso, ma con chiari effetti sul piano culturale e politico. E' la sfida lanciata da Papa Francesco con la convocazione di un *Sinodo sull'Amazzonia*, un territorio d'importanza vitale come polmone del pianeta e bacino unico di biodiversità, una vasta estensione di terra ora a rischio di deforestazione, ma anche di espulsione dei popoli indigeni dai loro luoghi natii, da essi abitati da secoli, con le annesse stratificazioni culturali che vi sono sedimentate, e perciò vissuto da loro come un atto di rottura e di violenza con effetti devastanti non solo sul piano ambientale, ma anche su quello antropologico, sociale e religioso.

Mi ha colpito, durante le recenti manifestazioni settembrine per l'emergenza ambientale che si sono svolte in Italia, uno striscione studentesco che associava l'incendio che sta devastando la foresta amazzonica con i roghi che continuano a dilaniare la cosiddetta terra dei fuochi, quel territorio che si estende tra Napoli e Caserta, un tempo definito da Virgilio *Campania felix* e ora teatro d'inquinamento e malversazione, senza che le misure annunciate e in parte intraprese siano riuscite a eliminare tanta cultura di morte. Gli è che nessuna repressione può ottenere effetti durevoli senza una modificazione delle menti e dei cuori, senza cioè una riforma della coscienza ovvero senza un cambiamento di mentalità.

Questo è il punto in cui anche le chiese possono fornire e hanno fornito il loro contributo prezioso. Si tratta di trasformare l'emergenza ambientale in un problema etico e culturale, offrendo alle persone occhi per distinguere storie di profonda verità da racconti superficiali e di comodo. Le religioni hanno in sé le condizioni per sprigionare un tale potenziale di cambiamento, a patto naturalmente che non le si trasformi in esca per allodole, cioè in atti senza profondità e senza verticalità, in vuota goffaggine. Certo nella religione l'uomo proietta il suo modo di essere nei confronti del mondo, cioè nei confronti del tempo e degli altri uomini, ma il paradosso della religione è quello di muoversi dentro un orizzonte che è più di quanto ci sia dato di cogliere visivamente e che si potrebbe configurare come una sorta di immissione in un movimento di trascendenza in atto, cioè vissuto prima ancora che tematizzato. Solo che c'è sempre il rischio che l'orizzonte che ci accompagna (e noi siamo sempre noi *più* il nostro orizzonte) scada a oggetto, dando origine agli idoli. Sempre, invece, l'idolo deve morire se si vuole che l'orizzonte viva.

Ho rievocato questa iniziativa papale, che ha già prodotto un *Documento preparatorio per il Sinodo sull'Amazzonia*, con l'intento di individuare nuovi cammini per la Chiesa e per una ecologia integrale, non solo per il semplice fatto che l'Amazzonia è diventato oggi un luogo rappresentativo dell'intero mondo, un punto esemplificativo dell'unità del locale e del globale, ma anche per il fatto che il Sinodo trae ispirazione dall'Enciclica papale *Laudato sì mi Signore*, che si presenta a questo punto come la vera posta in gioco con cui confrontarsi. Ritengo perciò utile fare riferimento a questo documento, che è un atto di magistero solenne di Papa Francesco sulla importante/impellente questione ecologica che ci investe tutti drammaticamente, perché ne va, come si è detto, della stessa sopravvivenza del nostro pianeta e può aiutarci a comprendere la complessità della materia che è oggetto della narrazione riguardante la nostra emergenza ambientale, con gli annessi comportamenti, le passioni, i conflitti e le speranze che vi si racchiudono. In breve, ne va per noi qui dell'utilità di tentarne un breve commento, mostrandone le *prospettive teologiche* che vi sono sottese.

Devo confessare di essermi già esercitato su questo tema, mettendo alla prova le mie capacità/velleità di vestire i panni del teologo, in occasione di una mia relazione introduttiva all'assise nazionale del *Movimento ecclesiale di impegno culturale* (MEIC), che ha avuto luogo a Caserta nei giorni 11-13 novembre 2016. Ne riprendo qui le linee essenziali, non senza aggiungere di aver affrontato il tema dell'ecologia anche in un altro mio precedente saggio d'intonazione storico-ricostruttiva e da una prospettiva più marcatamente filosofica[1].

Nel contesto di quella mia *Prolusione* ebbi modo di dichiarare di essere stato benevolmente sorpreso dalla lettura della bella locandina del convegno, con la superba immagine della reggia vanvitelliana di Caserta sullo sfondo e la citazione dell'adagio medievale: *ens, bonum et verum convertuntur*, lasciato lì come se la sua interpretazione fosse un patrimonio scontato per tutti.

In effetti, già la sua versione latina crea oggi una certa difficoltà, innanzitutto di comprensione letterale, persino a quel ceto che un tempo aveva familiarità con quella lingua antica, che è stata fino al settecento lingua franca dei dotti, nella quale erano redatte le opere che avevano una circolazione scientifica, e che

---

[1] Questi due contributi sono usciti rispettivamente nella rivista *Studi storici e religiosi*: *Prospettive teologiche dell'Enciclica «Laudato sì mi Signore»* [IX (2017) 5-23] e *Della necessità/verità/bellezza dell'ecologia* [VII (2015) 11-43]. Colgo qui l'occasione di ringraziare ancora una volta il direttore responsabile della rivista, il prof. don Fernando Angelino, e la prof.ssa Rosaria Capone, responsabile regionale del MEIC.

oggi, quanto meno a parecchi dei suoi esponenti, non è dato più di riuscire a leggere, [a differenza del don Abbondio manzoniano che sapeva di latino e con il suo «latinorum» riusciva persino a farne uno strumento di sopraffazione verso i più deboli, come d'altronde gli avevano suggerito i bravi, cose che naturalmente non meritano approvazione] e poi perché dietro quella formuletta magica per chi la capisce si nasconde una profondità di pensiero e di interpretazione del mondo che ormai ci è diventata quasi estranea. Eppure essa è alla base di tutta la simbolica medievale, che è la forma di pensiero di cui si nutrivano San Francesco, Tommaso d'Aquino e Dante, la poesia del dolce stil novo, ma si può ben dire: di cui si nutre ogni poesia. «Il mondo moderno non conosce l'identità di essere e parola, sulla quale in origine si fonda ogni conoscenza e anche ogni religione e poesia: la rete di somiglianze e di analogie che permetteva di afferrare l'essere nella parola si è sciolta, abbandonando le cose a un'enigmatica e insondabile essenza e le parole a un'orgogliosa, tautologica funzione di mero autoriferimento»[2].

A partire da questa scissione tra parole e cose come condizione dell'uomo moderno Max Horkheimer ha recuperato *per aliam viam* quella elementare verità della religione che ci è data nell'esperienza di *nostalgia del totalmente-Altro*, che è l'altra faccia dell'impulso a trascendere la realtà della natura e della

---

[2] C. Magris, *L'anello di Clarisse. Grande stile e nichilismo nella letteratura moderna*, Torino 1984, p.184

cultura, una condizione esistenziale dell'uomo chiaramente incompatibile con l'esperienza dell'uomo «sazio», ammesso che una tale esperienza sia compatibile con quella dell'umano in generale. La sua tesi si può ricondurre a questa semplice argomentazione: se è vero che non possiamo sfuggire al reticolo dei nostri progetti e orizzonti interpretativi, allora «la conoscenza delle connessioni dei fenomeni di questo mondo non può essere la spiegazione ultima della realtà, un assoluto. La verità ultima non è traducibile nel linguaggio umano, poiché tutti i nostri concetti scaturiscono da una organizzazione soggettiva. In quanto la verità ultima, che deve esprimersi nella religione, non entra nell'umano linguaggio e mondo concettuale, possiamo parlare di religione solo se stabiliamo che la realtà che ci è nota non è la *realtà ultima*»[3].

Si tratta, come si vede, di non arrendersi a un'interpretazione chiusa e unidimensionale della nostra esperienza nel mondo, di conservare/espandere quell'attitudine dello spirito che ci consente di restare umani, cioè aperti all'imprevedibilità della vita, senza la pretesa di imbrigliarla in princìpi astratti, perché noi siamo in costante contatto con la nostra rivolta interiore, la quale ci aiuta a vedere ciò che non è visibile, sia pure già in quanto è solo in potenza. Questa esperienza di «ulteriorità», che nasce dal nostro stesso impatto con il reale e da cui si genera un nostro sentimento di sorpresa e di meraviglia, era quello che in senso tecnico si

[3] M. Horkheimer, *Bemerkungen zur Liberalisierung der Religion*, in *Gesamm4elte Schriften*, Bd.7, F. a. M. 1985, p. 238.

definiva «metafisica», una parolina un tempo decisiva, ma poi diventata per molti *demodé*, se lo stesso Hegel diceva che al suo suono ormai tutti scappavano come da un appestato. Essa può essere comunque comodamente sostituita da quella di «trascendenza», che darebbe meno il senso di un possesso esaustivo della verità, da cui poi muovere per riorganizzare il tutto, cioè per dargli forma in ogni sua articolazione, che è l'accusa che le si è spesso rivolta, per non far cenno di altri, ben più graffianti e destrutturanti processi inquisitori.

In ogni caso entrambe le formulazioni, quella di metafisica e quella di trascendenza, si caratterizzano per quel movimento interno che, nel linguaggio fenomenologico di un Merleau-Ponty, si definisce «trasgressione intenzionale», che ne evidenzia l'interesse non già per ciò che è già fatto, ma per ciò che *accade*. E qui noi intercettiamo la nozione heideggeriana dell'essere come *evento*, cioè del suo «venire all'essere a contatto con noi attraverso il tempo», che è il suo inscriversi nell'ordine della storia e della libertà, di ciò che non può essere predeterminato anticipatamente e perciò da Schelling definito l'«im-pre-pensabile», ciò che è anteriore e irriducibile al pensiero, ciò che appunto si dà al nostro libero sguardo come *charis*, grazia/gratuità, che è insieme riconoscimento della nostra finitezza e apertura alla trascendenza, «dotta ignoranza», dunque. Qui conta la consapevolezza che il nostro sapere è circoscritto dentro dei limiti ed è al contempo connotato da un'esigenza insopprimibile di andare oltre, alimentando quella fame e quella sete dell'essere con cui Charles Peguy si augurava di «mantenere la giovinezza del suo appetito metafisico» ovvero, per dirla meno enfaticamente, con cui a noi è dato di continuare a interrogarci a fronte di ciò che non riusciamo a spiegarci –ed è tanto!- ma anche a fronte di ciò che pensiamo di aver visto in maniera chiara e distinta, in maniera cosiddetta «esatta», cedendo spesso alla banalità e soprattutto immunizzandoci da ogni effetto sorpresa, che è invece il sale e il pepe di una vita che sia veramente tale, cioè umana.

Possiamo chiuderla qui con questa toccata e fuga nei cieli di un'archiscienza percepita come l'anima della stessa filosofia, con i suoi spunti di riflessione che hanno appassionato menti e cuori di tante persone e che, come si è visto, non sono un girare a vuoto del pensiero, ma un tentativo ardito e faticoso di aderire al processo della vita nel suo offrirsi al nostro libero sguardo e al nobile compito di produrne una trascrizione concettuale.

Sulla penuria della nostra condizione spirituale

La nostra distanza/lontananza da un universo spirituale polifonico, quale ci è dato ammirare nelle grandi età dello spirito e, in particolare, nella cultura del nostro medioevo –si pensi semplicemente al fascino che tuttora esercita su di noi la visione di una cattedrale gotica- è insieme la minaccia che incombe su di noi, il rischio di restare prigionieri di un universo di segni che non rimandano più ad altro: «*ein Zeichen sind wir, deutungslos*» (Fr. Hölderlin), siamo puri segni, senza significato, segni ripiegati su se stessi, un universo «concentrazionario» cupo e muto, incapace di tenere insieme il visibile e l'invisibile, un universo che a volte sembra di aver ceduto ogni cedola di partecipazione a un orizzonte che trascenda quello delle mere cose .

Ha scritto J. Huizinga, [uno storico olandese morto nel 1945 in un campo di concentramento nazista, autore di testi famosi come *L'autunno del Medioevo*, *Homo ludens*, *Erasmo da Rotterdam*, *La civiltà olandese del Seicento*, etc]: «Di nessuna grande verità lo spirito medievale era tanto convinto quanto delle parole di S. Paolo ai Corinzi: «*Videmus nunc per speculum in aenigmate, tunc autem facie ad faciem*». Si tratta di una citazione che, al di là del suo specifico contenuto teologico, lascia emergere una bella distinzione tra il visibile e l'invisibile, tra l'umbratile verità del presente e il suo dispiegamento pieno nel futuro verso il quale siamo incamminati, tra l'apparire e l'essere, tra la figura del mercante interessato al mero uso di scambio delle cose e la figura metafisica dell'Angelo, distinzioni che ben si possono riassumere nella paroletta magica di «trascendenza» o di «trans-ascendenza», con cui tentiamo di esprimere quel sentimento elementare di un'esperienza di ulteriorità/transitività all'interno della stessa patria del dicibile e del nostro essere «qui e ora», cioè l'esperienza che «c'è dell'altro», che non siamo esseri unidimensionali, che sarebbe terribile vivere in un universo senza vie d'uscita: ne andrebbe della nostra libertà, quella consustanziale, che è a fondamento di tutte le altre più o meno piccole libertà che ci possiamo consentire.

«Il Medioevo, ha scritto Huizinga, non ha mai dimenticato che qualunque cosa sarebbe assurda, se il suo significato si limitasse alla sua funzione immediata e alla sua forma fenomenica, e che tutte le cose si estendono per gran tratto nell'al di là. Quest'idea è familiare anche a noi, come sensazione non formulata, quando ad esempio il rumore della pioggia sulle foglie degli alberi o la luce della lampada sul tavolo, in un'ora tranquilla, ci dà una percezione più profonda della percezione quotidiana, che serve all'attività pratica. Essa ci può talvolta comparire nella forma di una percezione che ci fa vedere le cose come impregnate […] di un mistero che si dovrebbe e che non si può conoscere, riempiendoci della certezza tranquilla e confortante che anche *la nostra esistenza partecipa a quel segreto del mondo*»[4].

Oggi una tale esperienza non ci è diventata certo del tutto assente, ma si è in qualche modo ritratta in alcuni momenti e luoghi privilegiati, che si fanno sempre più rari, quanto meno nella percezione comune, perché dominante ci è diventato il cosiddetto pensiero unico, funzionale, deterministico, il pensiero come trionfo del quantitativo, dell'utile, dell'assenza della profondità dello

[4] J. Huizinga, *L'Autunno del Medioevo*, Firenze 1991, pp. 282-283. Mi sia consentito un breve commento a queste due metafore a cui fa riferimento Huizinga, quella del «rumore della pioggia sulle foglie degli alberi» e quella della «luce della lampada sul tavolo in un'ora tranquilla». Si tratta di sensazioni paniche ben note alla grande poesia. Per la prima metafora si pensi, per fare un esempio di facile accesso, se non altro per averla appresa a memoria nei nostri banchi di scuola, alla bella poesia di Gabriele D'Annunzio *La pioggia nel pineto*: «Taci. Su le soglie/del bosco non odo/parole che dici/umane: ma odo/parole più nuove/che parlano gocciole e foglie/lontane/ Ascolta. Piove/dalle nuvole sparse /Piove su le tamerici/salmastre ed arse/piove sui pini/ [....] piove sui nostri volti/ silvani/piove sulle nostre mani/ignude/sui nostri vestimenti/leggieri/sui freschi pensieri/che l'anima schiude/novella/su la favola bella/che ieri/t'illuse, che oggi m'illude/Ermione». Qui l'invito al silenzio rivolto dal poeta alla donna che lo accompagna (Ermione) diventa condizione per lasciar parlare e poter ascoltare i suoni straordinari della natura, parole *più nuove* pronunciate da gocce e foglie del bosco. S'individua inoltre una cor-rispondenza tra il cadere della pioggia sugli elementi naturali e il cadere della pioggia sul poeta e la sua donna ((sulle mani, sulle vesti e persino sui pensieri, resi nuovi dalla pioggia) fino ad assimilarsi alla vita vegetale del bosco e riuscire a intuire, attraverso la «favola bella» che unisce il poeta alla sua donna, l'altra favola, quella della vita fatta di alterne felicità e illusioni. L'altra metafora mi richiama a una poesia Reiner Maria Rilke, che mi permetto di citare senza alcun commento, lasciandone semplicemente agire in noi la sua forza evocativa, che è sempre allegoria d'altro e allegoria di se stessi, trasformazione nell'invisibile delle cose del mondo visibile e viceversa: «Non perdere il tuo equilibrio, Dio/ Non ti possiede neppure chi ti ama/ E ti riconosce al buio oscillando/Come un lume al tuo respiro/ E se uno ti afferra nella notte/costringendoti nelle sue preghiere/ tu sei l'ospite/ che poi riparte» . (R. M. Rilke, *Il libro d'ore, Libro secondo. Il libro del pellegrinaggio*, in *Poesie*, I, a cura di G. Baioni, Torino 1994, p. 235).

sguardo e della polifonia della vita, «la sostituzione del rigore del pensiero alla quantificazione delle notizie», come di recente ho sentito dire in un dibattito televisivo: rischiamo di sprofondare nella banalità della pura ripetizione di moduli di pensiero, di comportamenti individuali e sociali, di un linguaggio che si è fatto gergale, cedendo l'unicità di ciò che ci rende persona alla maschera che copre la nostra individualità, trasformandoci in «stereotipi», in ombre e contraffazioni di ciò che è veramente «persona».

Ci sopravanza la prosaicità del mondo e –la cosa più grave– senza che riusciamo neppure più ad avvertirne il disagio: come certamente si sente dire e forse da noi stessi sperimentare nel circuito delle nostre conoscenze: si ruba senza che più ce ne si vergogna, s'inquina impudentemente/impunemente, un intruglio di malvagità e d'ignoranza. Questo è il tradimento della creazione perpetrato dalle sue creature, soprattutto da specifiche creature e interessi sociali e appunto a un tale intreccio si lega la *Grundfrage*, la domanda fondamentale dell'*Enciclica*, come si vedrà: la sofferenza del pianeta non è separabile da quella dei poveri e dalle cause che la determinano. Questo, naturalmente, investe il problema delle *dimensioni politiche* del problema ecologico, che è questione da cui qui dobbiamo prescindere a motivo della delimitazione del nostro tema, ma è chiaro che si è tutti chiamati a una necessaria conversione del nostro sguardo sul mondo come condizione imprescindibile per poter agire su di esso.

In cammino verso un nuovo sguardo sul mondo

Proviamo a guardare il mondo in maniera diversa da quella abituale, che è come dire proviamo a guardarlo con una «variazione immaginativa», ad esempio come quando lo immaginiamo in prospettiva «utopica», cioè in una forma alternativa a quella presente, con tutte le connotazioni di senso che un tale cambio di prospettiva comporta. Quando, ad esempio, in una proiezione desiderante ci immaginiamo di voler vivere in un mondo diverso da quello abituale, che è pure un'operazione che ci capita di praticare, in un mondo in cui «essere, bontà e verità» si corrispondono ovvero stanno in un rapporto di mutuo scambio, etc. Un altro mondo è possibile, ce lo siamo sentito ripetere spesso. Lavorare, lottare perché ciò che ci sembra impossibile diventi possibile è stata la molla di ogni avanzamento di civiltà, al di là dell'accumulo di difficoltà che sono bene espresse dalla formula hegeliana della cosiddetta «pazienza della storia».

Credo che uno degli effetti primari che possiamo ricavare dalla lettura dell'*Enciclica* di papa Francesco possa ricondursi a questa lezione di vita, che non è un effetto di poco conto: «L'educazione ambientale dovrebbe disporci a fare quel passo verso il Mistero, da cui un'etica ecologica trae il suo senso più profondo» (§210)[5].

---

[5] Le citazioni dall'Enciclica *Laudato si'* saranno indicate con il semplice rinvio alla numerazione del corrispondente paragrafo.

Appunto questa mutazione dello sguardo è quella che ci viene richiesta quando ci proponiamo di guardare il mondo in prospettiva teologica. Con essa il mondo non è più quell'autosussistenza fornita del carattere di eternità quale appariva all'occhio greco: «nessuno degli uomini o degli dei ha mai fatto il mondo, ma esso è sempre stato, è e sarà» (Eraclito). Era un tale presupposto eternitario del mondo a costituirne propriamente il divino originario, all'interno del quale ai vari dei era destinato il compito di rappresentarne/governarne ambiti specifici, porzioni delimitate di mondo, con il risultato di possibili, frequenti sconfinamenti che non mancavano di scatenare lotte di potere tra gli dei, non senza coinvolgere spesso i destini degli uomini. L'alternativa a questa maniera di guardare il mondo ci è venuta dalla cultura ebraico-cristiana, che è quella per la quale il mondo è *il prodotto* di un *atto creativo*. Mondo come cosmo eterno e mondo come venuta all'essere attraverso l'atto creativo di un Dio rispondono ora a due assiomatiche diverse, sono due concetti distinti. E questo lo vedremo tra poco. Prima però di procedere a qualche colpo di sonda più ravvicinato su questo concetto ebraico-cristiano di mondo «creato», che sta a base del terreno dell'*Enciclica*, mi sia concessa ancora qualche osservazione preliminare.

Professionalmente sono uno storico della filosofia e quindi uno storico delle idee. Ritengo, dunque, opportuno tentare di ricostruire una certa vicenda d'epoca, in buona parte intrecciata con la mia vicenda biografica già per semplici ragioni anagrafiche, in cui si era andato percependo un trapasso o se volete un punto di svolta [tento qui di sintetizzare un clima culturale e un'esperienza di vita di circa mezzo secolo addietro] da un'attenzione culturale prevalentemente catturata dall'*interesse per la storia*, un tema tipicamente illuministico, a quello di una consapevolezza anche dei limiti connessi a un tale atteggiamento. Era il trapasso da una certa euforia per le magnifiche sorti e progressive, che era poi acritica esaltazione della storia e acritico/colpevole oblìo del rispetto per la natura, a una coscienza più matura dei rischi/danni che un tale comportamento generalizzato andava producendo.

Nel registrare questo slittamento ovvero cambio di mentalità, con i tempi di maturazione che questi processi richiedono per una tale svolta, mi pare utile fare riferimento a due eventi/momenti importanti, che hanno segnato come la *fine di un incantamento* e possono essere assunti come *indicatori della necessità di una svolta*, come un richiamo alla necessità di un'attenzione alla terra, ai legami che ci tengono uniti ad essa, a dispetto dell'ipertrofia storicistica che tende(va) a obliarli. Essi hanno suonato come il risveglio da un sonno dogmatico, quasi un campanello d'allarme per un'età del mondo proiettata verso conquiste spaziali e verso un modello di sviluppo indifferente ai suoi limiti di sostenibilità.

Paradossalmente il primo di questi momenti ha coinciso con il punto più alto di dispiegamento della potenza tecnologica dell'uomo e lo si può riconoscere nel valore altamente simbolico del primo atterraggio lunare dell'uomo nel luglio del 1969. Il protagonista di quell'evento, Neil Armstrong, lo definì «un piccolo passo per un uomo, ma un balzo gigantesco per l'umanità!», ma è chiaro che con esso non si apriva solo una nuova frontiera dell'uomo verso lo spazio, ormai già avviato verso lo sbarco su Marte, ma anche una nuova prospettiva di guardare alla terra, di poterla osservare dall'alto e ammirarne tutta la bellezza a fronte di quel corpo lunare arido e desolato, senza acqua, pieno di crateri, altipiani e catene montuose, con distese pianeggianti di lava solidificata, a lungo sognato quasi come una fuga dalla terra e ora rivelatosi del tutto inospitale. Altro che lirismo lunare, sia pur venato di malinconia come quello del Leopardi nel *Canto notturno di un pastore errante dell'Asia: «*Che fai tu, luna, in ciel? Dimmi che fai, Silenziosa luna?/Sorgi la sera, e vai /Contemplando i deserti; indi ti posi/Ancor non sei paga/Di riandare i sempiterni calli?/Ancor non prendi a schivo, ancor sei vaga/Di mirar queste valli?/Somiglia alla tua vita/La vita del pastore».

In effetti, lo sbarco sulla luna è forse servito a guardare da un'altra prospettiva alla bellezza della terra, non di certo a farci innamorare a vivere sulla luna. Al disincanto leopardiano del nostro pianeta per la luna si è sostituito il disincanto nostro per la luna. Altro, dunque, che il lirismo lunare che ci viene suggerito dal repertorio della canzone napoletana classica[6]. Qui nonostante tutto è pur sempre l'uomo e solo l'uomo con le sue emozioni a far

---

[6] Si pensi solo ad alcune di quelle canzoni, di cui qui è possibile accennare solo ai rispettivi titoli: *Na voce, na chitarre e ò ppoco 'e luna; Ohi luna, luna, lu, luna caprese; 'A luna rossa me parle e te; Quanne spont a luna a Marechiare*, etc.

cambiare di segno a questo arido satellite della terra e a trasformarlo in «nastro d'argento» che luccica sul mare, ma per il resto non c'è paragone con la nostra terra, con il mondo nel quale siamo nati, del quale siamo parte, nel quale siamo implicati attraverso i sensi e al quale lo spirito ci vincola nella pienezza della vitalità. Non si tratta di un poeticizzare la terra a buon mercato, ma della consapevolezza della sua ricchezza e spazio vitale senza alternative per noi e del conseguente impegno a custodirne il carattere di riserva insostituibile per la nostra stessa sopravvivenza.

Il secondo momento che ha suonato come un risveglio dal nostro oblio della terra è stato il *Rapporto sui limiti dello sviluppo* commissionato al MIT dal Club di Roma e pubblicato nel 1972, con gli aggiornamenti del 1992, 2004, e successive verifiche sull'attendibilità delle previsioni fatte. Le conclusioni di quel rapporto ebbero l'effetto di un vero *shock* culturale sugli abituali paradigmi della crescita e dello sviluppo connessi all'industrializzazione del mondo, in quanto ora, da una fonte scientifica autorevole e giudicata indipendente, si poneva non solo l'accento sui guasti indotti dall'inquinamento, dai tassi di crescita della popolazione e dallo sfruttamento selvaggio delle risorse materiali/agricole/ambientali, ma se ne denunciava la loro *esauribilità*, con grave danno per la stabilità dell'ecosistema in generale e dello stesso equilibrio economico globale.

Fu un grido d'allarme che investiva innanzitutto la capacità progettuale della politica, sollecitandone implicitamente la programmazione di una linea di sviluppo, da connettere necessariamente a una inversione di rotta, compatibile con i limiti della capacità di carico del pianeta. Già un anno prima, però, nel 1971, a distanza di otto anni dalla *Pacem in terris*, il papa Paolo VI si era riferito alla questione della crisi/catastrofe ecologica come conseguenza di un'attività incontrollata dell'uomo, trasformatosi in «apprendista stregone» (G. Anders) di una civiltà tecnologica che pensava di governare, restandone invece semplicemente asservito. Erano voci profetiche che richiamavano l'umanità al rischio dell'autodistruzione globale se non si fosse accettata la sfida della sostenibilità dello sviluppo, da cui sarebbe dipesa la nostra sopravvivenza a lungo termine. Naturalmente a quelle voci se ne potrebbero aggiungere molte altre.

Mi limito qui a indicarne una di casa nostra, quella di Pierpaolo Pasolini, per la metafora poetica a cui fece ricorso in quegli anni, quella della «scomparsa delle lucciole», da lui registrata come un evento straziante che si era determinato a causa dell'inquinamento dell'aria, e, soprattutto, in campagna, a causa dell'inquinamento dell'acqua («gli azzurri fiumi e le rogge trasparenti»), un fenomeno «fulmineo e folgorante», cifra di un passaggio d'epoca e di civiltà.

Si andava prendendo coscienza della necessità di una visione sistemica della vita, di una eco-logia non antropocentrica, ma eco-centrica. La nascita di questa nuova sensibilità per l'ecologia tentò di organizzarsi anche in forme politiche, con partiti, soprattutto, a livello europeo, capaci di guadagnare anche un notevole consenso elettorale, ma senza costituire una vera alternativa alle formazioni classiche della rappresentanza politica, anche per il fatto che queste ebbero modo di inglobare facilmente quelle istanze verdi nei loro programmi politici.

Oggi, a distanza di oltre quarant'anni da quel rapporto, le cose sono fortemente precipitate e non se ne vede una prevedibile via d'uscita. L'enciclica di papa Francesco si fa megafono accorato e autorevole di questa nostra condizione: «le previsioni catastrofiche ormai non si possono più guardare con disprezzo e ironia. Potremmo lasciare alle prossime generazioni troppe macerie, deserti e sporcizia. Il ritmo di consumo, di spreco e di alterazione dell'ambiente ha superato le possibilità del pianeta, in maniera tale che lo stile di vita attuale, essendo insostenibile, può sfociare solamente in catastrofi, come di fatto sta già avvenendo periodicamente in diverse regioni. L'attenuazione degli effetti dell'attuale squilibrio dipende da ciò che facciamo ora, soprattutto se pensiamo alla responsabilità che ci attribuiranno coloro che dovranno sopportare le peggiori conseguenze» (§161).

Ben venuta, dunque, questa enciclica papale con tutta la forza di energia etica che trasmette, perché è chiaro che nessun programma politico e nessuna analisi scientifica, senza con questo volerne contestare la legittimità e l'opportunità, possono da sole indurre a un capovolgimento delle cose. Per ogni rivolgimento di lunga durata c'è bisogno di un supporto spirituale: la rivoluzione, diceva Mounier, o sarà etica o non sarà rivoluzione e ormai per chi è intellettualmente onesto se ne ha facile conferma dalla storia. Questo è, a mio avviso, il tema di fondo che unisce i diversi interventi papali su questo tema.

Naturalmente resta tutta la complessità della sfida che ci sta di fronte, il suo intreccio etico con quello economico e politico, all'interno di un quadro generale di rapporti tra Stati e tradizioni socioculturali estremamente differenziate, di saperi e linguaggi eterogenei che investono, tra le tante competenze, il diritto, l'informazione, la religione e ne rendono difficile una ricomposizione complessiva di immediata applicazione. Si tratta di difficoltà –si pensi solo ai cosiddetti problemi paralleli della bioetica- che, emergendo da un campo inedito di esperienze, impongono l'elaborazione della stessa etica in termini nuovi, la necessità appunto di una sua risemantizzazione, al punto da spingere Hans Jonas, un altro autore ormai «canonico» per il nostro tema, già nel 1979, nel suo tentativo di costruire «un'etica per la civiltà tecnologica», a riformulare in questi termini il classico imperativo categorico kantiano: «agisci in modo che le conseguenze della tua azione siano compatibili con la permanenza di un'autentica vita umana sulla terra».

A mio avviso nella riformulazione di questo imperativo kantiano non c'è solo una preoccupazione «ecologica» a bassa intensità, ma anche quella per una diversa/autentica qualità della vita, l'appello a viverla nell'unica maniera conforme al principio di responsabilità, quella di attingerla nella sua verità/profondità umana, senza cedimenti alle fallacie e alle manipolazioni di un vuoto consumismo. Queste sono le coordinate di una condotta che oggi usiamo dire «ecologica», ma che si potrebbe definire anche a difesa di una civiltà tecnologica non autodistruttiva, la qual cosa apre un altro vastissimo fronte problematico, quello cioè di un'ecologia che non è da intendere come una fuga romantica dalla industrializzazione moderna, ma dal suo uso distorto e distruttivo, che è questione politica e amministrativa, sociale, antropologica ed estetica, con i rispettivi risvolti pratici e operativi.

In tale contesto si può di certo salutare con soddisfazione l'accordo mondiale sul clima, entrato in vigore il 4 novembre 2016, ma ratificato a novembre 2015, celebrato in quei giorni a Parigi con l'illuminazione a verde di alcuni suoi monumenti simbolo, tra cui la Torre Eiffel e l'Arco di Trionfo. Uno dei principali obiettivi dell'intesa raggiunta è stato quello di limitare l'aumento della temperatura globale entro i 2 gradi rispetto ai livelli pre-industriali. Per diventare effettivo l'accordo andava ratificato da almeno 55 Paesi che rappresentano il 55% dell'emissione mondiale di gas serra, ma è cronaca quotidiana delle resistenze, dei boicottaggi e delle adesioni di pura facciata messe continuamente in atto persino da rappresentanti di antica democrazia liberale, le quali rappresentano di sicuro un passo indietro nella politica per l'ambiente.

E' chiaro che oggi l'etica è chiamata a rispondere soprattutto ai bisogni delle generazioni future, alle quali siamo tenuti a trasmettere non una natura desertificata, ma viva, libera non solo dalla contaminazione catastrofica dell'oggi, ma persino dai germi di corruzione oggi solo virtualmente presenti. Solo alle condizioni di uno sguardo tenuto vigile e aperto al futuro se ne potrebbe, in effetti, dedure un'etica concreta e responsabile, ma questo impone una qualche riflessione anche sul quadro antropologico che ci sta di fronte, di cui l'Enciclica papale non manca di offrire spunti critici, ai quali si è in parte già fatto riferimento in precedenza. Si tratta ora di svolgere e approfondire un tale quadro etico-antropologico dentro una prospettiva religiosa e con ciò entrare immediatamente nel cuore del problema ecologico osservato in prospettiva teologica, che è il tema specifico di questo breve saggio.

Ritorno a una poetica della creazione

Ci manca una poetica della creazione. Questo riguarda un po' tutti e investe persino la nostra coscienza credente se, ad esempio, quando pensiamo al Dio creatore, immediatamente incliniamo a rappresentarcelo come un meccanico della creazione, piuttosto che come il suo poeta. Eppure nella recita del *Credo* noi diciamo: Πιστεύομεν εἰς ?'ενα θεόν ποιητον (DH 150), crediamo in un unico Dio creatore/poeta. Per l'uomo religioso, in effetti, il creato gli si dischiude innanzitutto come riconoscimento di una traccia divina e le creature tutte gli si si manifestano come riempite di un unico afflato divino. In tale prospettiva il creato gli si offre come l'esperienza di una *trascendenza donata*, che è scambio attuoso e amoroso di libertà. Appunto una tale tesi vorrei qui sviluppare e forse con ciò si riesce a comprendere meglio il gioco complesso sotteso al disegno dell'enciclica fino a risalire alla sua anima più profonda.

Si parta intanto dal titolo insolito per una Enciclica: *Laudato sìi mi Signore*, che riprende una delle prime documentazioni della nostra lingua «volgare», il cosiddetto *Cantico delle creature*, e al contempo riporta sulla scena la gigantesca figura di Francesco, il suo messaggio di un ritorno al Vangelo, allo spirito delle *Beatitudini*, d'altronde così affine alle linee programmatiche dell'azione pastorale di questo Papa, che non a caso ne porta inscritto già nella scelta del nome la volontà di proseguirne, riattualizzarne il messaggio.

Mi sia consentita intanto un'annotazione che riguarda la *cifra stilistica* di questo titolo, che ha un andamento «responsoriale», quasi un *replay* a domande intonate da altri, da creature sentite come fratelli e sorelle (frati e sore), dai loro appelli al nostro cuore e alla nostra sensibilità, alla nostra intelligenza, che invitano/sfidano a una risposta che nasce da un profondo coinvolgimento, dal sentirsi interpellati da domande che agiscono in profondità e che a loro volta richiedono risposte non di mestiere, ma di passione, che è poi il senso di ogni autentica esperienza intellettuale e umana, oltre che religiosa.

Laudato sìi mi Signore, ha il carattere di una preghiera e, quindi, si configura come una risposta dell'uomo –di lode appunto e di ringraziamento- a ciò che gli è dato vedere nella «creazione», la quale non è solo uno scenario anonimo, «una mera cornice della nostra vita» (§139), davanti alla quale si produce il dialogo tra Dio e l'uomo, ma è un attore coinvolto nella rappresentazione. Il creato è esso stesso momento di una teodrammatica divina, perché la creazione è linguaggio, discorso di Dio rivolto alla creatura, anzi discorso alla creatura «attraverso» la creatura, uno dei tanti risvolti dell'abbassarsi di Dio verso le sue creature noto come *kenosi* divina. San Francesco è colui che è pervenuto a una comprensione vivente di questa verità di Dio che parla/agisce «con» le sue creature [e viceversa] in quanto sue tracce viventi, ma –a ben vedere- tutto questo è possibile se la creazione stessa s'annuncia come Parola, come evento comunicativo, non come realtà amorfa e indifferente, come prodotto meccanico di una pura, anonima potenza divina.

Qui eviterò di annoiarvi troppo con disquisizioni filosofico-teologiche sul concetto di «creazione» in quanto libero atto di volizione divina che fa sorgere «dal niente» il mondo. In questa definizione classica di «creazione» non c'è solo il carattere performativo della parola divina che *fa essere* un qualcosa di diverso da se stesso. Ciò che importa qui mettere in rilievo nel concetto di «creazione» non è primariamente l'atto di potenza del «fare dal niente un qualcosa», quanto il riconoscimento del valore che la creatura acquista attraverso questo atto, il suo declinarsi come correlato di una libera iniziativa divina, il suo costituirsi come soggetto di una interpellazione divina.

In effetti, «creazione» è atto di *divina libertà*, ma questa libertà creativa non sta a indicare solo *la provenienza* della realtà creata, ma anche il suo futuro, la sua *ad-venienza*, in particolare nella figura dell'uomo «chiamato» a partecipare alla libertà del creatore, se appunto la libertà è partecipazione [come recita anche una nota canzone di Giorgio Gaber], non possesso chiuso ed esclusivo, ma attivazione di nuova libertà, contagio di libertà. Essere libero significa perciò sempre: «operare liberando». E viceversa: chi non opera liberando, non è egli stesso libero. All'opposto il peccato teologicamente è *incurvatio in semetipsum*, esperienza di assenza/rottura di relazione, autopossesso e ciascuno di noi sa per propria esperienza quanto sia difficile approdare a una libertà piena e soprattutto quanta resistenza essa sperimenta nel vincere quella forma di schiavitù più subdola e più profonda che è l'attaccamento al proprio «IO». E' che possiamo dare a questa libertà radicale di Dio anche un altro nome, quello di «AMORE», che è forza creativa originaria, «l'amor che move il sole e l'altre stelle», l'ultimo verso del Paradiso e della Divina Commedia (XXXIII, 145).

Se la creazione non è solo l'atto di onnipotenza del tirar fuori dal niente, ma partecipazione della/alla libertà creativa di Dio, allora si scopre che l'amore è l'autentico motivo divino dell'atto della creazione e che anche la creazione –non solo la storia della salvezza- si configura come comunione, esperienza di relazione. E allora le *asserzioni d'essere* nel giudizio teologico sono fondamentalmente asserzioni di relazione. Essere significa essere insieme, essere-in-relazione. Dio e uomo per l'uomo religioso non sono pensabili che dentro un rapporto di relazione, per lo meno per quanto attiene all'esperienza della religione cristiana. A partire da queste premesse vorrei sviluppare ora due altri concetti connessi alla categoria di «creazione»: quello di essere linguaggio di Dio ed insieme effetto della sua ritrazione.

Se la creazione è interpellazione di Dio emerge il cambio di passo di uno sguardo sul creato, che non può essere (più) inteso come una sorta di arredo o apparato scenico che fa da sfondo alle nostre vicende umane, ma come attore coinvolto nel discorso con Dio, perché la natura è il discorso di Dio diventato testo, il testo della natura.

Creazione, però, non è solo discorso di Dio rivolto «alla» creatura –e questo ne marca la distanza ovvero ne istituisce l'ineludibile orizzonte di trascendenza- ma è anche discorso di Dio fatto «attraverso» le creature –e questo coinvolge l'immettersi di Dio nella creazione e insieme l'innalzarla a *partner* della sua comunicazione, che è misura non solo della stessa libertà/distinzione delle creature tra loro, ma anche del gioco di trascendenza/immanenza dell'amore divino, del suo affidarsi ad esse, del suo dispiegarsi come costitutiva «comunicazione» già all'interno della creazione, con l'effetto di lasciar delineare la posizione dell'uomo in essa come lo «scopo» finale della creazione, di certo come la creatura fornita del maggiore potenziale di linguisticità e, quindi, di ascolto: «infine Iddio coronò la rivelazione sensibile della sua gloria con il capolavoro dell'uomo. Creò l'uomo in forma divina, a immagine di Dio lo creò»[7].

E' chiaro che con la creazione dell'uomo l'intero discorso sulla creazione non ne risulta solo arricchito di una inedita complessità, ma anche di una trasmutazione di registri retorici: «la creazione dell'ambiente (*Schauplatzes*=teatro del mondo) sta alla creazione dell'uomo: come la poesia epica a quella drammatica»,

---

[7] J. G. Hamann, *Aesthetica in nuce*, in *Scritti sul linguaggio*, a cura di A. Pupi, Napoli 1977, p. 114

ha scritto un acuto interprete di queste tematiche, vissuto nella seconda metà del settecento e voce profetica isolata contro il sentire illuministico/meccanicistico della sua epoca, al quale si farà riferimento in seguito: Johann Georg Hamann[8].

Con l'uomo il paradigma dell'ascolto si dispiega in tutta l'efficacia di una libertà che si traduce immediatamente in responsabilità, perché attraverso l'ascolto, che è esperienza paradigmatica di riconoscimento dell'altro, si apre lo spazio/necessità per l'uomo di confrontarsi con la natura in sé e fuori di sé che lo interpella e di osservarne lo spezzettamento, la sua disintegrazione/violazione, se appunto la nostra attuale esperienza ci mette a confronto con una natura guasta e imperfetta, ben lontana, dunque, dalla sua originaria condizione edenica. Con ciò, accanto alla conferma dell'importanza di una poetica della creazione, è indicato il cammino di un'ermeneusi infinita, che è l'altra faccia -e la stessa- del carattere linguistico della creazione e della funzione insostituibile dell'uomo in essa.

Mi sia consentito ora un breve accenno all'altro carattere della creazione, al suo configurarsi come «ritrazione di Dio», che è una tesi ripresa dalla mistica ebraica medievale, ma originariamente presente, come si vedrà tra poco, nella cristologia paolina, una tesi che fa da *pendant* a quella della rivelazione come un sottrarsi di Dio nel suo stesso manifestarsi, riconoscimento di

---

[8] *Op. cit.*, p. 116

una eccedenza invisibile, impossibile da possedere in tutta evidenza.

Lo scambio del creatore con le sue opere è certo fonte di emozioni per l'uomo religioso e se ne può percepire persino tutta l'intensità musicale nel riverbero dei suoi toni capaci di estendersi ad altezze e profondità inenarrabili/inafferrabili, ma ancora più mirabile è la *coincidenza degli opposti* della gloria divina che regna su tutto e del *pathos* divino che scende nel nulla, ricongiungendo ogni cosa nell'amore. Tra questi due estremi si gioca l'inquietudine propria dell'uomo religioso, di cui si potrebbe chiamare a testimonianza il profeta Giobbe, il rappresentante *ante litteram* della teodicea moderna, l'uomo caratterizzato dal suo drammatico atto d'accusa [altro che pazienza di Giobbe!], che è al contempo un chiedere ragione al suo Dio per l'ingiusta condizione di sofferenza che lo tormenta. E Dio accetta la sfida scegliendo -con uno scambio di ruoli che ci permette di assistere alla malìa di una vera e propria finzione scenica- di poter fare lui lo scolaro che pone domande, invitando a sua volta l'accusatore (la maestra «ragione» dell'uomo ovvero il suo sguardo incapace di squarciare le profondità misteriose del cielo) a rispondere.

L'interrogatorio assume così il tono ironico di un chiaro argomentare *ad hominem*: «dov'eri tu quand'io ponevo le fondamenta della terra? [...] Chi ha chiuso tra due porte il mare, quando erompeva uscendo dal seno materno, quando lo circondavo di nubi per veste e per fasce di caligine folta? [...] Da quando vivi, hai mai comandato al mattino e assegnato il posto all'aurora perché essa afferri i lembi della terra e ne scuota i malvagi?» (Gb, 38, 4-12). E' chiaro che qui la differenza la fanno le domande, non ciò che il teste crede di sapere e perciò il fuori campo dell'universo, che quasi scorre davanti agli occhi mentre procede l'interrogatorio, è sufficientemente eloquente per vincere la resistenza di Giobbe e ricavarne l'assenso della sua intelligenza.

Mi parrebbe d'intravedere qui una certa corrispondenza con l'esperienza di rapimento che coinvolge Dante quando ricorda di aver avuto, *per grazia*, l'ardire di fissare lo sguardo nella luce eterna di Dio, al punto di portare la vista al limite estremo delle sue capacità e così contemplare come in un «volume» la varietà/infinità dell'universo: «Nel suo profondo vidi che s'interna/legato con amore in un volume/ciò che per l'universo si squaderna» (Paradiso, XXXIII, 85-87). E' la stessa esperienza di stupore da cui viene colto Giobbe mentre gli vengono passati in rassegna i segreti dell'universo e ne ricava l'infinita distanza da ogni misura umana, il riconoscimento della verità di ciò che si è, che è la lezione/sapienza di vita fatta propria da Giobbe: «comprendo che puoi tutto e che nessuna cosa è impossibile per te. Ho esposto dunque senza discernimento cose troppo superiori a me, che io non comprendo. Io ti conoscevo per sentito dire, ma ora i miei occhi ti vedono» (Gb., 42, 24-25).

Naturalmente quella di Giobbe è la risposta emblematica del credente, ma non è l'unica, perché accanto ad essa se ne deve registrare anche quella relativa all'assenza/negazione di Dio fornita dal non credente, forse persino dal credente che con il suo troppo rumore/parlare ne soffoca la voce, o anche dall'indifferente, che non solo non s'interroga più su Dio, ma neppure sulla sua propria esistenza in quanto implicitamente coinvolta nella domanda su Dio, che è un problema più inquietante di quello di Giobbe. Qui il silenzio ovvero l'assenza/lontananza di Dio è percepita in maniera così radicale da coincidere con il nulla, che è l'esperienza di quel nichilismo teorico e pratico che s'aggira come uno spettro su di noi, con l'effetto duplice e contrario, da un lato, di essere costretti a negare l'esistenza non solo di Dio, ma del divino in generale, ma con ciò anche a negarci nella nostra propria *nobilitas ingenita*, a rinunciare a tutto ciò che si racchiude nella cosiddetta «nobiltà dello spirito», a quella sfera di valori collegata da sempre al rapporto dell'uomo con la trascendenza o quanto meno con l'annesso inesauribile anelito a trascendersi, sia pure sotto maschere diverse.

Oggi, quanto meno all'apparenza, questo sguardo verso la trascendenza, come si è detto all'inizio di queste considerazioni, sembra affievolirsi sempre di più e questo concorre alla formazione della gelida notte di un mondo «senza profeti e senza Dio». Questa *patologia dello spirito* concorre alla distruzione spietata della natura che ci circonda, ma contro questa condizione del nostro tempo noi abbiamo il dovere di sperare e di lottare. E questo si lega al risveglio di quell'etica della responsabilità con cui un secolo addietro Max Weber già ammoniva i suoi interlocutori/lettori nelle parole conclusive del bel testo *La scienza come professione* (1917), richiamandosi, senza illusioni, ma senza neppure rinunciare a una fiducia attiva, alla profezia di Isaia: «Una voce chiama da Seir in Edom: sentinella quanto durerà ancora la notte? E la sentinella risponde: verrà il mattino, ma è ancora notte; se volete domandare, tornate un'altra volta».

«Il popolo al quale veniva data questa risposta, aggiunge Weber, ha domandato e atteso ben più di due millenni, e conosciamo il suo sconvolgente destino. Ne vogliamo trarre l'insegnamento che anelare e attendere non basta, e faremo altrimenti: ci metteremo al nostro lavoro e adempiremo alla 'richiesta di ogni giorno' -come uomini e nella nostra attività professionale. Ma ciò è semplice quando ognuno abbia trovato e obbedisca al demone che tiene i fili della sua vita» ovvero, volendo offrire una trascrizione religiosa di questo richiamo all'ascolto di una coscienza laicamente intesa, obbedisca alla voce di Dio che ci chiama dentro e fuori di noi, nello spirito e nella natura.

L'etica della responsabilità come nuova sfida antropologica

Sotteso a questo intreccio di questioni c'è l'annoso problema del rapporto tra la tecnica e l'uomo ovvero il problema della governabilità della tecnica. Qui eviteremo di lasciarci coinvolgere nella *querelle* heideggeriana sulla tecnica e sulla sua connessione con la metafisica come luogo per lui della massima chiusura negli enti e nella loro sfera di organizzazione, né ci attarderemo a discutere della sua interpretazione della tecnica come l'unico/autentico soggetto della nostra epoca a cui tutti restiamo asserviti senza alcuna via di scampo, che è tesi fortemente riduttiva di ogni velleità antropologica in senso tradizionale. Di questa diagnosi heideggeriana della disfatta dell'uomo nell'epoca della tecnica se ne può condividere il richiamo a non cullarsi nell'illusione di poterne evadere con un uso accorto della tecnica stessa, quasi che sia facile governarla e così ricondurla a funzione di una progettualità umana. Accanto però alla presa d'atto della disfatta del Prometeo moderno, cioè accanto a una critica legittima e benefica di un certo antropocentrismo che è stato la nostra cifra identificativa sin dal rinascimento, il tratto moderno del trasumanar dell'uomo, con la sua tendenza a trasformarsi da *homo faber* in *homo creator*, l'enciclica è al contempo responsabilmente preoccupata di smentire ogni facile disfattismo, che sarebbe paralizzante e inconcludente, giustiziero/ingiusto delle conquiste pur esaltanti e meritorie che sono state raggiunte con la tecnica. Si tratta di intraprendere la difficile via della responsabilità, che è condizione dell'agire etico.

Sin da Max Weber[9] abbiamo familiarizzato con la distinzione tra *etica dei princìpi ovvero dell'intenzione*, che è «assoluta», regolata dall'unico imperativo di seguire princìpi ritenuti giusti in sé, a prescindere dai loro effetti o rimettendone l'esito nelle mani di Dio ed *etica della responsabilità*, da cui è governato l'agire di chi ne mette in conto/ne prevede le relative conseguenze innescate da una determinata decisione, senza timore di andare fino al cuore dei problemi e di assumersi i rischi teorici, ma anche pratici, associati alle conseguenze di un discorso calato sul piano dell'azione.

Etica dei santi o delle anime belle in senso hegeliano ed *etica politica*, intessuta dell'arte della mediazione, esercitata a commisurare l'uso dei mezzi per il raggiungimento di un fine, sul presupposto che non sempre dal bene deriva il bene e che in molti casi, come nella vita in generale, s'impongono compromessi, naturalmente nel senso alto del termine, disponibilità, quindi, a prendersi le proprie responsabilità ovvero a trasformarsi in «navigatori costretti a riparare la barca mentre stanno in mare» (O. Neurath). In tale contesto si comprende anche la critica svolta da Hans Jonas alla cosiddetta «utopia tecnicistica» che –sulla scia del sogno baconiano di dominio della natura e di trasformazione

---

[9] M. Weber, *La politica come professione*, a cura di W. Schluchter, Torino 2004

dell'uomo- rischia di ignorare la portata dei suoi effetti a catena, tra i quali quello di ridurre l'uomo a «materiale umano», come ci s'inventò a dire nell'epoca di pieno oscuramento dello spirito della nostra recente storia europea, assumendo appunto l'uomo come oggetto di manipolazione/sperimentazione/modificazione.

Qui emerge/s'impone la centralità della questione antropologica, ma anche l'ambiguità in cui è costretta a muoversi la richiesta di un'etica adeguata alle mutate condizioni dei tempi. A quale immagine dell'uomo, in effetti, deve corrispondere la nuova etica? Se ne deve dedurre che la nuova etica non è che l'altra faccia di un'antropologia storicistica, cioè di un'immagine dell'uomo in movimento/mutamento, al di là del permanere della condizione umana? «Se dunque la nuova natura del nostro agire esige una nuova etica della responsabilità – una responsabilità ampia, che arriva fin dove arrivano le nostre capacità – essa esige anche, in nome di quella stessa responsabilità, un nuovo genere di umiltà –un'umiltà che, a differenza di quella precedente, non è dovuta alla limitatezza, ma all'ampiezza eccessiva delle nostre capacità, cioè alla preminenza della nostra capacità di agire su quella di prevedere, valutare e giudicare»[10].

All'«euforia del sogno faustiano della modernità» non resta da opporre che il valore assoluto dell'essere umano come fine in sé, l'unica riserva dagli sbandamenti del nostro potere tecnologico

---

[10] H. Jonas, *Tecnologia e responsabilità*. Riflessioni sui nuovi compiti dell'etica, in ID. *Dalla fede antica all'uomo tecnologico*, Saggi filosofici, Bologna 1991, pp. 60-61

a difesa della vita stessa, del suo carattere sacrale e inviolabile, ma anche il riconoscimento di una propria finitudine liberamente vissuta. Paradossalmente solo un tale riconoscimento potrebbe preservare incondizionatamente l'umano come «apertura al nuovo». «Al pari di Hannah Arendt, ha scritto Luisella Battaglia, Jonas conferisce un senso ontologico al concetto di natalità: è il venire imprevedibile al mondo di nuovi individui a garantire, infatti, questa "apertura". Ogni tentativo di determinare il patrimonio genetico dell'uomo è dunque condannabile perché mette fine all'ambivalenza propria di ogni essere. Per tale via si giunge, quindi, a rivalutare il caso – capace del meglio, come del peggio – come fonte di libertà, riaffermando, insieme, quale diritto umano fondamentale, il diritto all'ignoranza, intesa come ignoranza relativa a chi si è, che sola rende possibile l'esistenza come autoscoperta, esperienza di sé»[11].

La categoria del «sacro», comunque, è un utile criterio a salvaguardia della intangibilità della vita, ma da sola non è un collante che mette tutti d'accordo, perché non è sufficientemente fornita di una forza dimostrativa universale. Soprattutto, essendo essa il portato più di un'intuizione che di un argomento, rischia di offrirsi in una percezione bloccata in un passato arcaico piuttosto che proiettata in un futuro utopico, senza dire della questione cruciale collegata a ogni scelta responsabile, quella di un potere e

---

[11] L. Battaglia, *L'euristica della paura di Hans Jonas dinanzi alle sfide dell'ingegneria genetica*, in «Lo sguardo» - Rivista di filosofia, 8 (2012)54

di una ragione che non possono consentirsi di prescindere dalle forme proprie di una democrazia rappresentativa e pluralistica, se si vogliono evitare abusi e intolleranze.

Una ragione discorsiva e un potere rappresentativo non si danno, però, che nel loro rapporto con l'idea-limite di una comunicazione universale da costruire mediante il lungo, faticoso e paziente lavoro della storia e appunto dentro un tale circuito virtuoso noi ritroviamo l'ineludibilità della dimensione utopica forse affrettatamente cacciata dalla porta e ora ritornata dalla finestra. Senza una riappropriazione di questa dimensione, liberata certo dagli astratti velleitarismi e dalle vuote fumisterie, non c'è etica responsabile e non c'è compiutezza antropologica, ma per offrire un supporto argomentativo a questa tesi mi sia consentito richiamarmi a uno scienziato/poeta, di cui è noto il suo tentativo di superare il gran fossato che si era determinato nella modernità tra scienza e fede, a Pierre Teilhard de Chardin.

All'interno di una prospettiva che, per quanto ricavata, come lui stesso dice, da una rigorosa analisi fenomenologica della vita, non sarebbe azzardato definire visionaria, l'unica dopo tutto adeguata a quella cristiana, Teilhard ci offre un bel quadro sinottico di un'antropologia ripensata in termini dinamici, cioè nel contesto di una scienza evolutiva della vita, ma soprattutto adduce, a mio avviso, buone ragioni per una energetica dell'azione umana collegandola con l'ebbrezza/bellezza di contribuire a prolungare in noi il movimento evolutivo della vita. Questo processo, in effetti, con l'ominizzazione e con la conseguente possibilità/necessità per l'uomo di assumerne la direzione, sarebbe destinato ad arrestarsi senza l'integrazione di una meta finale verso cui dirigersi.

La questione dell'uomo che qui entra in gioco si può tradurre anche in termini semplici: ogni uomo aspira alla felicità, ma nell'uomo una tale ricerca si complica per la percezione, unicamente/eminentemente sua tra tutti gli esseri viventi, del possibile e dell'avvenire che s'intrecciano con il presente e ne rendono non solo complicata la realizzazione, ma persino impossibile la definizione. Piuttosto che inseguire questo oggetto polimorfo e perciò in sé introvabile, definito «felicità», conviene, suggerisce Teilhard, distinguere tre atteggiamenti idealtipici che di fatto gli uomini adottano verso la vita.

Egli introduce/riassume questi tre atteggiamenti con un paragone: «Immaginiamo degli alpinisti, partiti per scalare una cima difficile, e consideriamo il gruppo qualche ora prima della partenza. A questo punto si può immaginare la squadra divisa in tre categorie. Alcuni rimpiangono di aver lasciato l'albergo. La fatica, i pericoli sembrano loro sproporzionati all'interesse per il successo. Decidono di tornare indietro. Altri non sono irritati per la partenza. Il sole brilla, la vista è bella. Ma perché salire più in alto? Non è meglio godersi la montagna dove ci si trova, in mezzo ai prati o nel bosco? E si sdraiano sull'erba o esplorano i dintorni, aspettando l'ora del pic-nic. Gli ultimi, infine, i veri scalatori, non staccano gli occhi dalle cime che hanno deciso di raggiungere. E ripartono in avanti. Degli stanchi, dei buontemponi, degli ardenti. Tre tipi di Uomo, che ciascuno di noi porta in germe nel profondo di se stesso, e fra i quali, da sempre, si divide l'Umanità che ci circonda».

Noi non indugeremo sulla fenomenologia di questi atteggiamenti, a ciascuno dei quali si potrebbe far corrispondere personaggi e visioni del mondo che li hanno rappresentati, ma anche tre forme contrastanti di felicità: felicità di tranquillità, felicità di piacere e felicità di crescita, tre linee di marcia nelle quali si divide la corrente della vita umana, ma non tre linee da scegliere indifferentemente, senza che se ne possa addurre una ragione che ci aiuti a decidere per la migliore.

Per trovare una risposta efficace alle ragioni di questa scelta in quanto la migliore per la quale vale decidersi, conviene ancora una volta immetterci nella dinamica evolutiva della vita e ricercare se essa possa intendersi come un puro vortice circolare chiuso oppure se nella sua frazione animata si diriga verso un Punto-Omega, cioè verso un punto sempre più alto di complessità/coscienza. Non ci è dato, in effetti, stare fermi, né indietreggiare; ci rimane solo il passaggio in avanti, allo stesso modo che l'unica felicità non può essere che una felicità di crescita/di movimento.

Queste sono le coordinate generali della marcia della vita verso l'unità più alta, ma proviamo ora a vederne la trasposizione alla condizione specifica dell'uomo e individuarne i livelli attraverso i quali egli giunge alla pienezza di se stesso. Teilhard li riassume nella formula di una trilogia in cui si può facilmente riconoscere lo schema di un'antropologia teologica.

Si tratta per l'uomo innanzitutto di *centrarsi su se stesso*, che è in effetti il processo di formazione continua attraverso il quale egli porta a faticoso compimento in sé l'unità di vita e pensiero, intelletto, volontà e sentire, interno ed esterno, riprendendosi dalla sua dispersione nelle cose e convergendo verso un centro spirituale. E' chiaro, però, che l'uomo non coincide con un imbozzolamento narcisistico e che non potrebbe sfuggirne senza aprirsi agli altri, senza riscoprirsi in un'esperienza di vivente solidarietà con gli altri ovvero senza *decentrarsi da se stesso*, che è quanto dire che la costituzione della sua unità personale ha necessariamente un carattere dinamico e plurale, che è poi il senso profondo della nostra fame di comunità, cioè di un legame intersoggettivo regolato da quella corrente vitale che si usa definire «amore», cioè da una potenza/volontà di unione/unificazione con gli altri. Si tratta ora di estendere/trasformare questa esperienza dalla dimensione orizzontale, in cui ci è stato dato finora di leggerla, a quella verticale, che Teilhard definisce *surcentrazione*.

A ben vedere il processo evolutivo della vita rischierebbe di arrestarsi, ripiegandosi su se stesso, se fosse privo della spinta a proiettarsi in un centro d'attrazione superiore. Solo in esso l'unità delle monadi spirituali, quale già da oggi ci è dato intravedere nella nostra esperienza di una umanità globalizzata, con le sue forme di interconnessione sempre più accentuate[12], potrebbe continuare a svilupparsi e trovare sufficiente energia per farlo. È chiaro che in questa sintesi visionaria un tale centro sarebbe di ordine superiore, non semplicemente più grande di noi, ma altro e al di là di noi, un centro degno di «adorazione» e perciò supremamente Personale/personalizzante, l'unico capace di garantire non solo una felicità di crescita e di amore, ma una felicità di adorazione. Non solo felicità connessa a una ricerca d'immortalità, che è aspirazione a neutralizzare «ciò che generalmente minaccia e avvelena la nostra felicità, quel sentire così vicino il fondo di tutto quel che ci attira: sofferenza delle separazioni e del logoramento, angoscia del tempo che passa, paura di fronte alla fragilità dei beni posseduti, delusione di arrivare così

[12] Si tratta, in effetti, di un processo che inizia nell'età dell'umanesimo/rinascimento, la fase della prima globalizzazione, fino a dispiegarsi in tutta la sua vastità/radicalità negli orizzonti planetari dei nostri giorni, la fase della seconda globalizzazione. Un intervallo di tempo che coincide con l'età moderna, con il suo inizio caratterizzato dal popolamento umano della Terra e dall'instaurazione di nuovi legami tra i vari frammenti del pianeta, che si sono via via determinati con il progressivo crollo della barriere agricole e culturali del mondo, con l'avvio di un sistema economico/industriale mondiale, con la scoperta della diversità antropologica, biologica e ambientale, condizioni che, insieme a molti altri fattori, hanno favorito l'interconnessione dei continenti e una rete di comunicazioni che hanno trasformato il mondo in un villaggio globale e in un destino comune. Questo processo, che non è stato esente da rapporti di dominio e di violenza, è quello che noi abbiamo conosciuto come occidentalizzazione del mondo e insieme come il suo tramonto, in quanto forma culturale/economica/politica non più egemone, scalzato via ormai dall'attuale forma di globalizzazione del mondo. Dentro un tale quadro, con le sue luci e le sue ombre che qui non ci è possibile discutere, irrompe e ne emerge, con un impatto anche fortemente simbolico sulla necessità di una riorganizzazione dei nostri saperi e dei nostri stili di vita, nonché sulle forme politico/organizzative di difesa dell'ambiente, il problema «ecologico».

presto a quel che noi siamo e che noi amiamo», ma immissione nella forma più alta e densa di felicità, dono di vita partecipata, «slancio terrestre» che «richiede, dunque, per sostenersi, di sintonizzarsi e di sintetizzarsi nello slancio cristiano». Non la pura fede in un avvenire umano radioso, in cui «nessuna cima precisa e, cosa più grave, nessun oggetto amabile si presenta alla nostra adorazione», ma fede in un Dio personale, creatore e fuoco di energia d'amore verso il quale convergono le tensioni spirituali del mondo e dal quale esse ci ritornano, metamorfosate e personalizzate, come d'altronde ci è dato apprendere dalla mistica cristiana[13].

Ho trovato opportuno riprendere brevemente questo abbozzo teilhardiano di un'antropologia teologica, non certo per ricercarvi l'indicazione di una risposta al disagio dell'ecologia, di cui qui si discute, ma per l'offerta di uno sguardo lungo su cui proiettare il cammino della coscienza religiosa, restituendole il respiro vitale di essere immersione piena nel mondo senza lasciarsene catturare e appiattirsi in una clausura terrestre. Ne consegue con ciò anche, come si è visto, una dinamizzazione dell'antropologia, una iniezione di passione e slancio in tutto ciò che minaccia di essere fredda voglia di vivere, ma di riflesso anche un recupero della

---

[13] P. Teilhard de Chardin, *Réflexions sur la bonheur*, testo di una conferenza tenuta a Pechino il 28 dicembre 1943, tradotta con il titolo *L'uomo, la filosofia e la marcia del mondo*, in G. Vigorelli, *Il gesuita proibito*. Vita e opere di P. Teilhard de Chardin,, Milano 1964, pp.195-209.

religione come parte della soluzione dell'ecologia, non il suo problema. E, in effetti, il buon uso della religione è un ricostituente della vita stessa, la terapia adatta per uno sguardo sul mondo libero dalle pastoie ingombranti che non menano da nessuna parte, e perciò condizione spirituale per poterlo «abitare» in pienezza. Abitare il mondo è però non solo una questione essenzialmente antropologica, ma è inscrivibile pienamente nella nostra agenda ecologica, se appunto, come si rileva nella stessa enciclica, uno degli impatti devastanti prodotti dalla mancanza di rispetto del nostro ambiente naturale lo si può riscontrare in quel misto di brutture/miserie ovvero squallore che ci è dato osservare nelle periferie urbane del mondo, laddove non c'è più percezione dell'equilibrio tra uomo e ambiente né accordo tra ritmo della propria vita e ritmo del mondo.

Poeticamente/religiosamente abiti l'uomo sulla terra

Da quanto si è fin qui detto dovrebbe risultarne la verità/bellezza di uno sguardo semplice e profondo, filtrato/vivificato dalla convergenza sinergetica dei nostri sensi, con cui riappropriarci della grazia delle cose, del loro potere evocativo che solo una *mitologia della ragione* saprebbe ben far risuonare, trascrivendolo nel suo appropriato linguaggio simbolico, nel gioco raffinato e seducente di una metaforica che riesce a dire l'in-dicibile, a vedere l'in-visibile, a scorgere nella presenza la traccia di un'assenza non meno presente. Si tratta di riapprendere/promuovere, dunque, una nuova alfabetizzazione dello spirito che aiuti alla comprensione dell'unità del tutto, a esercitarci nella riscoperta di una solidarietà cosmoantropologica, dei legami//legature che ci vincolano al nostro radicamento terrestre, ma con ciò noi non facciamo altro che riaffermare il senso persino letterale della «re-ligio», del legame a doppia mandata che unisce terra e cielo, mortali e celesti.

Nella sua stessa radice etimologica religione è, in effetti, capacità di un tale sguardo «quasi-sacramentale» sul mondo, ben lontano e ben diverso, dunque, dalla esorcizzazione che ne ha fatto persino la cosiddetta teologia dialettica, ma è chiaro che nella ripresa offertane da una teologia classica della creazione, quello sguardo non può che riceverne un potenziamento, tradursi in linguaggio performativo, in capacità di percepire/rivivere nel segno il suo significato, nella promessa la sua attuazione, nell'inizio il suo compimento e appunto in una tale grammatica della creazione, ampiamente praticata d'altronde nelle narrazioni del testo biblico, in particolare nel *Libro dei salmi*, noi scopriamo che il creato è ben più che un semplice apparato scenico che fa da sfondo alle storie degli uomini, ma è linguaggio corporeo divino, realtà donata e perciò interpellazione divina, non solo linguaggio di celesti armonie, ma di universali fratellanze, «communicatio idiomatum», ciò che mette ali al nostro pellegrinaggio sulla terra sollevandolo ad altezze impensabili e a un grazie senza fine: *Cantico delle creature*![14]

In tale contesto emerge la figura topica di San Francesco, con la sua ricca teologia poetica resa celebre dal suo inno alla creazione, che è insieme uno dei documenti più antichi della nostra lingua volgare, ripreso e valorizzato all'interno della nostra enciclica papale. San Francesco vi è richiamato come «un esempio bello e motivante», come «guida e ispirazione» ben riconoscibile

---

[14] Meritano di essere qui richiamate alcune osservazioni di Max Scheler che ha sottolineato l'unicità/originalità della posizione di San Francesco nell'intera storia dell'occidente precedente e successiva a lui. In effetti, il suo richiamo all'amore per tutte le creature, anche per quelle «subumane», a differenza degli stessi passi evangelici in cui si fa riferimento ad esse, non ha un carattere puramente «allegorico», quasi che esse rinviino a rapporti che propriamente sussistono solo tra uomo e Dio o tra uomo e uomo: «ciò che piuttosto è nuovo, 'insolito', nel rapporto emozionale di Francesco verso la natura, è il fatto che le opere e i processi della natura ottengano un proprio senso espressivo [...], che anche sole, luna, vento e così via, che non hanno affatto bisogno dell'amore soccorrevole e misericordioso, vengano salutati e vissuti dall'anima quali fratelli e sorelle; che le creature, anche nel loro metafisico esser le une accanto alle altre (semplicemente con l'inclusione dell'uomo) vengano rapportate immediatamente al loro creatore e 'Padre' quali essenti per sé e (in rapporto all'uomo) anche quali esseri del tutto dotati di valore in sé» (M. Scheler, *Essenza e forme della simpatia*, a cura di L. Boella, Milano 2010), pp.110-115).

nella stessa scelta del nome del nuovo Francesco, vescovo di Roma, d'altronde unico nella storia bimillenaria del papato.

San Francesco è scelto, dunque, come figura idealtipica di una «ecologia integrale», un esempio che cattura universalmente, al di là delle stesse fedi religiose, ma nel suo messaggio resta ben riconoscibile l'impronta della mistica cristiana, brama d'unione con Dio, pur senza ossessioni penitenziali, perché umilmente, gioiosamente attesa dall'alto, percezione, dunque, estatica del divino che si riflette in ogni ordine di bellezza del creato e si trasmette per osmosi a chi lo contempla con attenzione accogliente. Si tratta in fondo della pratica di un cristianesimo radicale, di una lettura *sine glossa* della verità basilare dell'«incarnazione» sin nei suoi prolungamenti cosmici, ma anche sin nei particolari della semplice vita quotidiana e della scelta preferenziale per ciò che è povero e debole agli occhi degli uomini. E qui ben si coglie la radice delle beatitudini evangeliche, la verità profonda del loro messaggio paradossale, fonte ispirativa e formativa di condotte autentiche di vita cristiana: non volontà di possesso, ma di accoglienza, non titanismo di dominio, ma volontà di servizio, contemplazione attiva e amorevole, una disposizione d'animo che è cura fattiva piena d'amore verso ogni creatura, come ci viene rappresentata dal ciclo pittorico di Giotto e dai versi di Dante. Nessuna acquiescenza alle cose e nessun sovraccarico di pura edificazione, ma riscoperta/rinascita di una religione del cuore, ben lontana da quella di un Dio relegato nella rigidità della visione bizantina del *Pantocrator* e perciò anche dal punto di vista iconografico la figura di Francesco segna una discontinuità radicale rispetto al passato, l'inizio appunto di una riscoperta dell'umanità del Cristo, con la rappresentazione della sua nascita, sofferenza e morte.

Questa esperienza di una religione come tenerezza e vicinanza divina all'uomo rivive e si rinnova per il credente nella solidarietà per gli umili e i poveri, che non è solo rinuncia a ogni egemonia, ma apertura/accoglienza delle differenze, creazione/promozione di scambi e relazioni virtuose, attivazione operosa di pace come sigillo di un amore universale che non conosce confini. Sollevarsi a una tale visione ardita e appassionata non è solo attingere alla profondità delle cose e istituire un rapporto di rispetto/levità/libertà con esse, ma un esercizio a forte impatto etico/sociale, il marchio di un'autentica civiltà. Francesco, si osserva nell'enciclica, «era un mistico e un pellegrino che viveva con semplicità e in una meravigliosa armonia con Dio, con gli altri, con la natura e con se stesso. In lui si riscontra fino a che punto sono inseparabili la preoccupazione per la natura, la giustizia verso i poveri, l'impegno nella società e la pace interiore».

Tutti questi motivi confluiscono nel cosiddetto *Cantico delle creature*, che è invito a una lode corale a Dio, probabilmente fatta all'interno di un'azione liturgica e probabilmente musicata/cantata, un invito in cui sono coinvolti gli astri, il sole e la luna, e i quattro elementi fondamentali della natura: il vento, l'acqua, il fuoco e la terra, descritti nella dinamica della loro funzione vitale per l'esistenza -il sistema enciclopedico della realtà cosmica nella figurazione che se ne aveva all'epoca- per poi passare all'uomo e alla sua condizione di «mortale» ovvero di mortale immortale, se appunto anche la morte è «sorella», quasi levatrice provvida che ci aiuta a rigenerarci a nuova vita.

La poeticità del *Cantico* si avverte nella sua capacità di rendere tutto questo cioè ogni cosa preghiera e appunto in tale forza trasfigurante la sentiamo rivivere nel percorso carsico di ogni religiosità, di ieri e di oggi. San Francesco può ben essere riconosciuto come un'icona della fratellanza universale, ma può con questo essere riconosciuto anche come un'icona dell'ecologia moderna? Certo, non chiederemo alla sua visionarietà poetica una ricetta per la soluzione tecnica del problema ecologico, ma sarebbe anche miope non riconoscere che lasciarsi contagiare dalla sua utopia religiosa non produca un profondo mutamento nell'anima e una ristrutturazione profonda nel nostro approccio alla stessa natura, a condizione che la sua lezione d'amore universale venga percepita in tutta la radicalità di un messaggio che non si esaurisce in un semplice stato d'animo o in un vago sentimento di bontà, ma attivi una benefica conversione e un complesso piano di relazioni generatrici di una concreta azione politica e di una coerente risposta alla sfida «ecologica».

Mi sia consentito di concludere con queste osservazioni e di lasciare alla vostra intelligenza/immaginazione attiva di integrare qualche spunto che potrà esserne venuto fuori con proposte operative. Mi permetto solo di accennare ad alcuni possibili nuclei di sviluppo e di discussione, in parte già emersi peraltro in questo breve testo.

Si può partire dal mito di Niobe, la tragedia della madre che per superbia venne trasformata in pietra. Stiamo correndo lo stesso rischio? Per arroganza e superbia non riusciamo a difendere a sufficienza le due cose fondamentali su cui si fonda concretamente il nostro futuro: l'educazione e l'ambiente. A mio avviso l'*Enciclica* di papa Francesco va in questa direzione. Essa è un sismografo sensibile e autorevole di una opportuna lettura dei segni dei tempi, ma anche invocazione di un ritorno all'essenziale, che è ritorno alla semplicità, non certo alla semplificazione.

A integrazione di una tale Enciclica, per una più approfondita comprensione del suo messaggio, deve congiungersi un'attenzione al vocabolario di papa Francesco. L'uomo venuto dalla fine del mondo può aiutarci a scorgere il cambio di passo da lui innescato al cammino della Chiesa e –si spera- del mondo: alla *globalizzazione dell'indifferenza* deve contrapporsi una chiesa in uscita verso le periferie esistenziali, *ospedale da campo* per sanare le ferite del mondo, difesa della sacralità e libertà della persona, rispetto delle diversità, accoglienza e misericordia contro le frammentazioni/macerie di un mondo, contro l'attuale minaccia di una «bancarotta dell'umanità», se appunto s'investe tutto e subito per evitare la bancarotta delle banche e ci si chiude al grido di dolore che proviene da «folle esiliate», sradicate dalla loro terra per motivi religiosi, razziali, politici e/o di semplice sopravvivenza.

Necessità, dunque, di un *futuro globale pulito* come questione strettamente congiunta con la *giustizia verso i poveri della terra*, ma anche con la solidarietà/responsabilità verso le future generazioni. Questione ambientale e questione etico/sociale si co-appartengono e incombono sul nostro scenario prossimo futuro.

A queste ragioni, attingendo a una fonte complementare di conoscenza/sapienza, per la coscienza religiosa se ne aggiungono –integrandole e sollevandole a nuove altezze- quelle che ci vengono dal messaggio evangelico: il primato dei poveri, l'identificazione del Cristo con gli ultimi, che è poi anche l'unica misura con cui saremo misurati, l'accoglienza dello straniero come forma prima e fondamentale di amore/sapienza. Ed è chiaro che l'*Enciclica*, al di là di uno sguardo universale, si rivolge al credente cristiano e ne sollecita una «conversione» del cuore –metafora spaziale che richiama a un cambiamento di mentalità: *metanoeite*, cioè passaggio/trasmutazione dall'uomo vecchio a quello nuovo, spossessamento radicale dell'egoità, un qualcosa che agli occhi del mondo appare del tutto inattuale/innaturale, ma è ciò che unicamente può salvare.

Per concludere: un modello, quello di S. Francesco, già indicato nel titolo dell'*Enciclica*, ma principio ispirativo di tutto il testo, richiamato in particolare al §10: san Francesco «manifestò un'attenzione particolare verso la creazione di Dio e verso i più poveri e abbandonati. Amava ed era amato per la sua gioia, la sua dedizione generosa, il suo cuore universale. Era un mistico e un pellegrino che viveva con semplicità e in una meravigliosa armonia con Dio, con gli altri, con la natura e con se stesso. In lui si riscontra fino a che punto sono inseparabili la preoccupazione per la natura, la giustizia verso i poveri, l'impegno nella società e la pace interiore».

La follia di Dio incarnata nella figura di San Francesco come forma superiore di sapienza! Tutto è traccia di Dio e tutto non è tanto allegoria, che appartiene all'ordine del discorso, ma forza simbolica, che appartiene all'ordine dell'essere, della Sua presenza! Ne consegue che la natura creata è pienezza *simbolica*, non rimandatività *allegorica* da cogliere mediante l'interpretazione e che, a differenza della strutturazione in forme gerarchico-aristocratiche offertane dalla scolastica, essa è intesa come una «totalità vivente» riempita di un unico palpito divino. Soprattutto, però, con Francesco salta la separazione tra il Dio creatore, che tiene in essere tutte le creature e il Dio redentore, dal quale sarebbe esclusa la natura «sub-umana», essendo l'atto redentivo, con il quale s'instaura un rapporto di figliolanza/fratellanza, un'operazione riservata alle creature «umane».

Naturalmente è legittimo chiedersi su quale presupposto «dogmatico» -per quanto vissuto, più che «teorizzato»- San Francesco abbia potuto mettere in atto un tale allargamento redentivo che gli consente di riconoscere la paternità universale di

Dio e di conseguenza la fratellanza/sorellanza di tutte le cose. Per risalire alla radice vivente di questo atteggiamento conviene richiamare questo passo di Tommaso da Celano, il suo biografo: «Tutte le creature egli chiamava suoi fratelli e, in modo inusitato, del tutto nascosto agli altri, con la perspicacia del cuore egli penetrava fin nel più intimo di ogni creatura, proprio come se fosse già entrato nella libertà della gloria di Dio».

A mio avviso è appunto in questa capacità dell'uomo religioso di congiungere inizio e fine delle cose, di leggere il presente alla luce della sua «gloria» futura e di percepirne già «virtualmente» presente, sia pure nella condizione di chi la sospira con gemiti, la trasfigurazione finale (Rm. 8, 19-25), che ci diventa in qualche modo «comprensibile» lo slancio di San Francesco verso tutte le creature. A ben vedere si tratta appunto di uno slancio «mistico» con tutto il potenziale esplosivo per gli stessi assetti sociali che esso racchiude, una vera sintesi di *eros* e *agape*, secondo Scheler: «il più grande e il più sublime esempio di 'spiritualizzazione della vita' e di 'vitalizzazione dello spirito'»[15]

---

[15] Ibid.

Printed by Books on Demand GmbH, Norderstedt / Germany